AF358273

ANTIQUITÉS

DE SYRIE ET DE PERSE

BELLES FAÏENCES DE FOUILLES

Rakka, irisées, Rhagès, Sultanabad et à reflets métalliques

Miniatures et Manuscrits enluminés anciens

LAQUES, BRONZES, CUVETTES ET POTICHES

SUPERBES BRODERIES dites "GILETS PERSANS"

Riche Couvre-lit, soie brodée or et perles fines

SOIERIES, VELOURS ET TOILES IMPRIMÉES

Beaux Tapis de Perse et d'Orient

DONT LA **VENTE** AURA LIEU

HOTEL DROUOT - SALLE N° 11

Le Lundi 11 Mai 1914

à 2 heures précises

<table>
<tr><td>COMMISSAIRE-PRISEUR :
Mᵉ G. FRANÇOIS
23, Rue Le Peletier, 23</td><td>EXPERT-ANTIQUAIRE :
M. E. D. PIGNATELLIS
10, Rue de Montpensier, 10</td></tr>
</table>

CHEZ LESQUELS SE DISTRIBUE LE CATALOGUE

EXPOSITION PUBLIQUE

A L'HOTEL DROUOT, le Dimanche 10 Mai 1914, de 2 h. à 6 h.

NOTA. — Les TAPIS et BRODERIES seront vendus à 4 h. 30

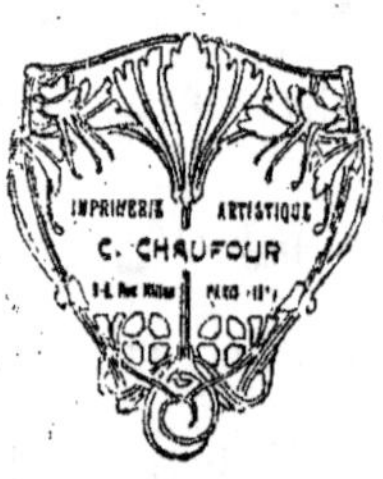
IMPRIMERIE ARTISTIQUE
C. CHAUFOUR
PARIS

CONDITIONS DE LA VENTE

La vente sera faite expressément *au comptant*.

Les acquéreurs paieront **dix pour cent** *en sus des prix
d'adjudication*.

M. E. D. Pignatellis, expert, assistera à l'Exposition
publique et se tiendra à la disposition de MM. les amateurs
qui auraient un renseignement à lui demander ou des ordres
d'achat à lui confier.

**L'ordre des numéros du catalogue pourra ne pas
être suivi.**

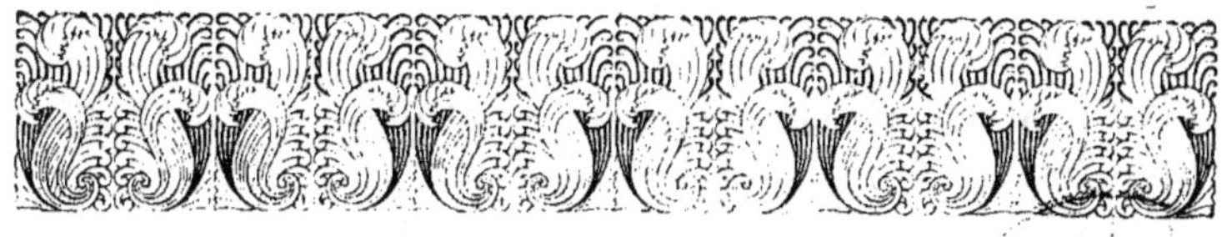

DÉSIGNATION

FAIENCES RAKKA DE FOUILLES DE SYRIE

XIIIᵉ ET XIVᵉ SIÈCLES

1 — *Cruche* turquoise. Magnifiquement irisée.

2 — *Pot à fleurs* turquoise irisé.

3 — *Bol* crème à décor quatre rayures bleues.

4 — *Bol* crème à beau décor bleu. Belle pièce.

5 — PLAT crème irisé à décor noir et bleu. Intéressante pièce.

6 — *Tabouret* turpuoise irisé, décor en relief.

7 — AMPHORE vert turquoise irisé. Belle et décorative pièce.

8 — *Bol*, décor polychrome sujets dessins et oiseau sur fond verdâtre irisé. Intéressante pièce.

9 — *Bol*, décor polychrome, sujets dessins et oiseau sur fond verdâtre irisé. Intéressante pièce.

10 — BOL, décor polychrome sujets paon et dessins sur fond verdâtre irisé. Intéressante pièce.

11 — *Vase* à anse, décor noir sur fond turquoise. Magnifiquemen: irisé.

12 — *Vase* à fleurs, décor noir sur fond turquoise irisé.

13 — *Vase* à fleurs, décor noir sur fond turquoise avec irisations dorées.

14 — *Compotier* turquoise Magnifiquement irisé.

15 — CRUCHE crème. Superbement irisée.

16 — *Plat* crème à décor bleu et noir. Intéressante pièce.

17 — VASE à fleurs crème magnifiquement irisé. Belle et intéressante pièce.

18 — AMPHORE crème superbement irisée. Belle et décorative pièce.

19 — *Bol* turquoise à décor noir et belles irisations.

20 — *Bol* turquoise à décor noir avec belles irisations. Belle pièce.

21 — *Cuvette* et *cruche* crème bien irisé.

22 — *Bol* turquoise à décor noir et bleu. Magnifiquement irisé.

23 — *Vase* à fleurs crème irisé à décor rayures bleues.

24 — *Cruche* et deux *lampes* turquoise. Superbement irisées.

FAIENCES DE FOUILLES DE PERSE

Xᵉ AU XIVᵉ SIÈCLES

25 — *Plat* à reflets métalliques, décor au milieu sujet personnage.

26 — *Bol Sultanabad*, décor bleu et noir sur fond turquoise.

27 — *Œnochoé Rey*, décor vert et inscription arabique sur fond noir.

28 — *Bol* tricolore à reflets métalliques, décor sujets deux personnages.

29 — BOL *Rhagès*, décor polychrome sur fond turquoise. Belle et intéressante pièce.

30 — Grand VASE *Sultanabad*, décor en relief, turquoise superbement irisé. Belle et décorative pièce.

Haut. : 0ᵐ5o.

31 — *Vase* à anse crème à décor rayures bleues. Belle et intéressante pièce.

32 — *Bol Sultanabad*, décor noir sur fond turquoise.

33 — *Bol* à jour *Rey* crème à décor quatre rayures pourpres.

34 — BOL *Sultanabad*, beau décor noir sujets oiseaux et dessins sur fond turquoise et inscriptions arabiques vertes sur fond noir. Intéressante pièce.

35 — *Bol Rey*, décor noir et bleu sur fond crème et inscriptions arabiques blanches sur fond noir. Intéressante pièce.

36 — Deux *bols Rey* crèmes.

37 — VASE à anse lapis, décor en relief, inscription coufique sur la panse. Intéressante pièce.

38 — CRUCHE *Rey*, goulot tête de coq, décor bleu sur fond crème irisé. Intéressante pièce de collection.

39 — BOL *Rey*, beau décor noir, sujets poissons et dessins sur fond turquoise irisé. Intéressante et belle pièce décorative.

40 — *Bol Rey* pourpre avec belles irisations.

41 — *Bol* et *vase Rey* pourpre, irisés.

42 — BOL *Rey*, beau décor vert sur fond noir.

43 — CRUCHE *Rey*, goulot tête de coq, beau décor noir et rayures bleues sur fond turquoise et inscriptions arabiques turquoise sur fond noir. Belle et intéressante pièce de collection.

44 — *Vase cylindrique* et *bol Rey* mauves.

45 — Deux *bols Guébry* vert et crème à rayures vertes.

46 — *Bol Rey*, beau décor noir et bleu sur fond turquoise irisé.

47 — Deux *bols Rey*, crème et turquoise.

48 — Deux *bols Rey* turquoise et bleu à décor gravé.

49 — *Vase cylindrique* et *bol bicolore Rey*, irisés.

50 — BOL *octogone Rey* turquoise, superbe décor en relief, sujets cavaliers et animaux. Intéressante pièce de collection.

51 — LION *Rey*, beau décor noir sur fond turquoise irisé. Rare et belle pièce de collection.

5**2** — *Vase à anse* terre cuite, décor en relief sujets figures, oiseaux et dessins, xII[e] siècle.

53 — *Vase à anse Rey*, à dépression sur la panse, mauve clair.

5**4** — VASE *à anse Rey* turquoise, superbe décor en relief sur la panse, sujets oiseaux et inscription. Rare pièce de collection.

55 — COLOMBE à figure de femme *Rey* bleu lapis. Rare et belle pièce de collection.

5**6** — *Carafe Rey* turquoise, beau décor en relief sur la panse.

57 — *Plat Guébry* crème, à décor vert et bleu. Intéressante pièce du xII[e] siècle.

5**8** — *Vase-potiche* terre cuite, décor gravé sujets deux lions et inscription coufique. Intéressante pièce du xII[e] siècle.

5**9** — *Passoire Rey* turquoise, décor gravé. Pièce intéressante.

60 — *Bol Rey* turquoise, à l'extérieur décor en relief.

6**1** — Deux *bols Rey*, bleu lapis et turquoise.

6**2** — *Vase à anse Rey* vert turquoise, beau décor gravé.

63 — *Bol* et *Œnochoé Rey* turquoise.

64 — *Bol* forme rose, à l'intérieur lapis et à l'extérieur bicolore à reflets métalliques.

65 — *Vase à anse Rey* crème, à décor rayures bleues verticales.

66 — *Bol* profond *Rey* turquoise.

67 — *Vase à anse Rey* turquoise.

68 — *Personnage* portant sur ses bras animal. *Rey*, bleu lapis.

6**9** — *Bol à jour Rey* crème. Intéressante pièce.

70 — *Vase Rey* blanc à décor noir.

7**1** — VASE A ANSE *Rhagès*, beau décor polychrome et doré en relief. Rare et belle pièce de collection.

7**2** — *Carafe Rey* turquoise, décor gravé.

73 — *Bol Rey* blanc, irisé.

74 — *Bol* à reflets métalliques.

75 — *Bol Rey* crème à bords bleus.

76 — *Bol* à reflets métalliques.

77 — *Vase à anse Rey* indigo irisé.

78 — *Plat* à reflets métalliques, décor sujets deux personnages.

79 — VASE CYLINDRIQUE *Rey* lapis, beau décor en relief, sujets lions et inscription coufique. Intéressante pièce de collection.

80 — PORTE MONNAIE *Rey* turquoise, superbe décor en relief, sujets lions, lapins et autres animaux. Rare pièce de collection.

81 — *Bol Arag*, décor vert, bleu, noir et en relief sur fond crème irisé.

82 — *Bol Rey* noir à rayures vertes.

83 — *Bol Rey* turquoise à beau décor noir sur la panse, et au milieu du fond deux animaux.

84 — *Bol Rey*, décor points noirs sur fond crème et inscriptions blanches sur fond noir bleu.

85 — BOL *Rhagès*, décor polychrome, sujets quatre personnages et inscriptions coufiques sur fond blanc.

86 — *Bol Rhagès*, décor polychrome, sujets le roi et la reine et inscriptions coufiques sur fond blanc.

87 — *Bol Rey*, décor bleu et noir sur fond blanc irisé.

88 — *Plaque de revêtement* à reflets métalliques, décor inscription arabique en relief.

89 — *Bol Rhagès*, décor polychrome, sujets cavalier, personnages, oiseaux, dessins et inscriptions coufiques sur fond blanc.

90 — *Soucoupe Rhagès*, décor polychrome, sujets cavaliers et inscription coufique sur fond crème.

91 — BOL RHAGÈS, décor polychrome et doré, sujets le Roi assis sur le trône et entouré de ses chambellans et deux lions à figures de personnages, l'emblème persan, sur fond crème. Superbe et intéressante pièce de collection.

92 — *Bol Rhagès*, décor polychrome sur fond blanc.

93 — AMPHORE turquoise, décor en relief, deux inscriptions coufiques sur la panse. Belle et décorative pièce de collection.

94 — CARAFE à reflets métalliques, goulot forme rose à six pétales, sujets figures. Sur la panse douze décors floraux en relief à corolles, sujets pe,sonnages. Très belle et intéressante pièce de collection.

95 — VASE CYLINDRIQUE OCTOGONE à reflets métalliques, décor inscriptions coufiques en grandes lettres ou beaux dessins. Rare et intéressante pièce de collection.

96 — *Bol Rey*, beau décor noir et bleu sur fond crème irisé.

97 — *Bol Sultanabad*, décor noir et bleu sur fond crème irisé. Intéressante et décorative pièce.

98 — PLAT à reflets métalliques, décor sujet personnage.

99 — *Bol Rey*, décor bleu et noir et inscriptions arabiques sur fond blanc avec belles irisations.

100 — *Bol* octogone *Rey* turquoise, à l'extérieur décor en relief sujets cavaliers, personnages et animaux.

101 — *Carafe* bicolore à reflets métalliques, goulot forme rose à six pétales et cannelures verticales sur la panse. Intéressante et décorative pièce.

102 — *Lanterne Guébry* verte irisée.

103 — *Bol Rhagès*, décor polychrome varié.

104 — *Bol Rey,* décor varié.

105 — *Bol Rey*, beau décor.

MINIATURES, MANUSCRITS ENLUMINÉS
ET ENLUMINURES DE PERSE

106 — La belle LÉILI en costume négligé à la ferme de son amoureux. Miniature polychrome ancienne.

107 — BATAILLE. Miniature polychrome ancienne.

108 — CONSEIL DE PRETRES. Miniature polychrome ancienne.

109 — ACROBATES. Miniature polychrome ancienne.

110 — BATAILLE DE ROIS. Miniature polychrome ancienne.

111 — LE ROI DJEMCHID donnant ses ordres à son ministre de guerre. Miniature polychrome ancienne.

112 — LE ROI DJEMCHID reçoit le guerrier Rostan accompagné de sa femme. Miniature polychrome ancienne.

113 — LE GUERRIER ROSTAN accompagné de ses compagnons cherche à délivrer un prisonnier jeté dans un puits. Miniature polychrome ancienne.

114 — L'arrivée du ROI DJEMCHID à cheval chez son ami le guerrier Bahram. Miniature polychrome ancienne.

115 — SCÈNE DE FAMILLE. Miniature polychrome ancienne.

116 — MOMENT DE PRIÈRE. Miniature polychrome.

117 — DEUX PERSANES. Miniature polychrome.

118 — LION. Miniature noire.

119 — OISEAU. Miniature polychrome.

120 — BATAILLE. Miniature polychrome.

121 — OISEAUX et Arbuste. Miniature polychrome.

122 — FLEURS. Miniature noire.

123 — LA VIE DE L'IMPRUDENT. Miniature polychrome.

124 — *Poésies de Mir*. Modèle de calligraphie. Bel encadrement.

125 — *Amazone*. Miniature polychrome.

126 — *Persane et son enfant*. Miniature polychrome.

127 — *Danseuses et persane*. Deux miniatures polychromes.

128 — *Coran*. Reliure cuir, ornements dorés.

129 — *Coran*. Belle reliure polychrome en laque de Perse.

130 — *Manuscrit* avec *frontispice* et *cinq miniatures* polychromes Reliure en cutr, ornements dorés.

131 — *Manuscrit* avec frontispice et quatre miniatures polychromes. Reliure cuir rouge, ornements dorés.

132 — *Manuscrit* avec *garde-page*. Belle reliure en cuir, décor en relief doré.

133 — *Calligraphie persane*. Trois modèles.

134 — *Calligraphie persane*. Trois modèles.

135 — *Calligraphie persane*. Quatre modèles.

136 — *Manuscrit* avec plus de cinq cents petites miniatures polychromes. Reliure cuir rouge.

137 — *Album* de vingt miniatures polychromes ; fleurs et oiseaux,
personnages et modèle de calligraphie. Reliure polychrome
en laque de Perse.

138 — *Reliure* en cuir noir, ornements dorés et une miniature
polychrome.

138 *bis* — Huit *miniatures* et *dessins*.

139 — *Reliure* en laque de Perse, décor polychrome, fleurs.

BRONZES ET CUIVRES

140 — Trois *coupes*, beau décor gravé.

141 — Deux *coupes*, une à trois pieds et une à décor gravé.

142 — *Miroir*, décor gravé et à jour, inscriptions arabiques
dorées.

143 — *Cuvette*, décor gravé.

143 *bis* — *Sceau* et *chandelier arabe*, décor gravé, inscriptions
arabiques.

PLAQUES DE REVÊTEMENT DE DAMAS
VASES ET CUVETTES

144 — Panneau de deux *grands carreaux de Damas*, polychromes. Encadrés.

144 *bis* — Grande AMPHORE pourpre foncé. Belle et décorative
pièce du XVIe siècle.

145 — *Cuvette*, décor bleu et noir sur fond crème.

145 *bis* — *Cuvette* bleuâtre, à l'extérieur décor en relief.

146 — *Cuvette*, décor bleu, sujets animal et feuillage sur fond blanc.

146 *bis* — Énorme *plat* turquoise.

POTICHES DE PERSE

147 — Grande et belle *potiche*, décor bleu, sujets personnages, fleurs et animaux sur fond orange.

147 *bis* — Belle et grande *potiche*, décor bleu, sujets cavaliers, animaux, oiseaux et fleurs sur fond orange.

148 — Belle et grande *potiche*, décor bleu, sujets personnages, oiseaux, châteaux et fleurs sur fond orange.

148 *bis* — Belle et grande *potiche*, décor bleu, sujets personnages, oiseaux, animaux et fleurs sur fond orange.

149 — Belle *potiche*, décor bleu, sujets personnages, oiseaux, animaux et fleurs sur fond orange.

149 *bis* — Belle *potiche*, décor bleu, sujets personnages, oiseaux, animaux et fleurs sur fond orange.

150 — Deux petites *potiches*, décor bleu sur fond crème.

150 *bis* — Deux petites *potiches*, décor bleu sur fond crème.

151 — Deux petites *potiches*, décor bleu sur fond crème.

151 *bis* — Deux petites *potiches*, décor bleu sur fond crème.

152 — Deux petites *potiches*, décor marron sur fond crème.

TAPIS DE PERSE ET D'ORIENT

153 — *Tapis de Galerie*, dessin polychrome, palmettes.

3m3o sur 1m05.

153 *bis* — Grand TAPIS DE SMYRNE, beau dessin polychrome.

Environ 6 m. sur 5 m.

154 — *Tapis de Galerie*, dessin polychrome, feuillage, sur fond bleu. Bordure corail.

2m90 sur 1m05.

154 *bis* — *Tapis du Caucase*, beau dessin polychrome, trois grands médaillons et quatre demi-médaillons d'angle, fond jaune et rose. Belle quadruble bordure. Haute laine à reflets.

2m45 sur 1m40.

155 — *Tapis de Senneh* fin, fond crème, encoignures bleues. Belle bordure corail.

2m10 sur 1m3o.

155 *bis* — *Tapis de Senneh*, dessin polychrome, fond crème.

156 — Beau *tapis de MÉCHED*, dessin polychrome, fond rose à superbe médaillon fond bleu foncé et quatre angles. Jolie bordure fond bleu et or vieux. Intéressante pièce souple et veloutée.

3m85 sur 2m7o.

156 *bis* — *Tapis d'Orient*, fond crème.

157 — Beau *tapis de Sumac*, beau dessin polychrome, fond rouge pâle.

Environ 2m5o×2m.

157 *bis* — *Tapis d'Orient* en soie fond rouge, dessin porte-lanterne.

158 — *Tapis de Chiraz* à reflets, dessin varié à deux beaux médaillons fond rose. Intéressante pièce souple et veloutée.

2m10 sur 1m55.

158 *bis* — *Tapis d'Orient* en soie, fond rouge, dessin fleurs.

159 — Beau *tapis de MECHED*, dessin polychrome à magnifique bouquet de fleurs sur fond crème au milieu d'arabesques avec jolis angles fond rose. Belles bordures blanches et bleues. Intéressante pièce.

3ᵐ5o sur 2ᵐ25.

159 *bis* — *Tapis d'Orient* en soie, fond vert, dessin fleurs.

160 — *Tapis* carré de *Sumac*, beau dessin polychrome, fond rouge pâle.

Environ 2 m. sur 2 m.

160 *bis* — *Tapis de prière de Caramanie*, dessin polyehrome.

161 — *Tapis de prière Senneh*, double face, dessin polychrome à médaillon.

161 *bis* — *Tapis de priere marocain*, dessin polychrome.

162 *Tapis de Galerie de Ferahan*, fin dessin polychrome, fond bleu. Belle bordure fond bleu foncé.

4 m. sur 1 m.

163 — *Tapis de Galerie de Bakchaïche*, beau et curieux dessin polychrome à médaillon et angles. Pièce intéressante.

3ᵐ9o sur 0ᵐ95.

164 — *Tapis de Galerie de Karadja*, dessin polychrome, palmettes, fond brun.

4ᵐ70 sur 1 m.

165 — Superbe TAPIS DE BOUCHARA, très fin et très beau dessin polychrome de carrelage sur fond grenat, très belle et large bordure à fin dessin polychrome sur fond chamois. Très beau et intéressant tapis souple et velouté.

3ᵐ3o sur 2ᵐ25.

165 *bis* — *Tapis de galerie de Moughedem*, dessin curieux et fin à médaillons avec compartiments fond chamois. Pièce intéressante.

3ᵐ1o sur 0ᵐ9o.

166 — *Tapis de prière* de TABRIZ, dessin polychrome, fond grenat clair à jolis médaillon et angles. Large bordure à des compartiments avec inscriptions persanes et rosaces, et deux étroites bordures à très beau et fin dessin. Très serré et velouté tapis.

1ᵐ6o sur 1ᵐ24.

166 *bis* — *Tapis de soie,* dessin Mosquée et polychrome, sapins, pommes de pin, paons, oiseaux et feuillage. Belle bordure, dessin polychrome, animaux et arbustes sur fond crème vert.

1^m65 sur 1^m20.

167 — *Tapis de prière* de SERABEND, dessin palmettes sur fond rose. Belle bordure, sur fond orange. Beau et souple tapis.

1^m84 sur 1^m10.

167 *bis* — *Tapis de prière Senneh,* dessin polychrome, médaillon et angles fond blanc.

168 — *Tapis de prière en soie,* dessin polychrome fond bleu foncé. Médaillon et angles sur fond crème. Bordure large, fond bleu ciel, deux bordures étroites fond crème, rose, et deux autres étroites fond vert clair.

1^m24 sur 0^m90.

168 — *Tapis de galerie Bakchaïche,* dessin polychrome, fond brun. Bordures rouges et bleues.

4^m35 sur 1 m.

169 — *Tapis de prière en soie,* dessin polycgrome, fleurs et arbustes sur fond cerise. Jolis médaillon et angles fond vert clair. Large bordure fond vert et deux étroites fond blanc.

1^m30 sur 0^m97.

170 — Beau *tapis de prière* de KIRMANCHAN, dessin polychrome d'arabesques et feuillage sur fond blanc. Large bordure fond orange et deux étroites fond bleu. Belle pièce d'amateur souple, veloutée et très serrée.

1^m80 sur 1^m14.

171 — *Tapis de prière de Sultanabad,* fond chocolat, dessins palmettes. Quatre angles fond bleu. Intéressante pièce souple et veloutée.

1^m90 sur 1^m15.

172 — *Tapis d'Orient Yordès,* dessin Mosquée, fond rouge.

2^m sur 1^m45.

173 — *Tapis de Férahan,* dessin polychrome, fond bleu à médaillon fond rouge et quatre angles fond blanc. Belle bordure fond vert.

2^m10 sur 1^m15.

174 — *Tapis de Koula,* dessin polychrome, fond jaune.

1^m70 sur 1^m20.

175 — *Tapis de Koula*, dessin polychrome, fond rouge.

1ᵐ85 sur 1ᵐ10.

176 — *Tapis de Daghestan*, dessin polychrome.

1ᵐ75 sur 1ᵐ10.

177 — *Tapis de Smyrne*, dessin polychrome, fond rouge.

2ᵐ80 sur 1ᵐ95.

178 — *Tapis de Mouchcabat*, dessin polychrome, fond rouge.

4ᵐ05 sur 2ᵐ80.

179 — Tapis de KELIM, double face, dessin polychrome sur fond blanc. Belle pièce.

1ᵐ58 sur 1ᵐ06.

BRODERIES RICHES DITES "GILETS PERSANS"
SOIERIES, VELOURS, TOILES IMPRIMÉES

180 — Panneau de superbe et riche GILET PERSAN ancien, soie verte brodée fil soie polychrome et soie dorée, fleurs et feuillage. Belle bordure rose brodée fil soie polychrome et double galon doré. Etat parfait. Rare et intéressante pièce de collection, doublée.

0ᵐ90 sur 0ᵐ62.

181 — Panneau de superbe GILET PERSAN ancien, finement brodé fil soie polychrome sor toile. Etat parfait. Très intéressante pièce.

0ᵐ75 sur 0ᵐ66.

182 — Panneau de BRODERIE soie bleu claire brodée fil métal doré et argenté et soie polychrome, vase et fleurs. Bordure soie rouge brodée fil soie polychrome et métal doré ou argenté Belle pièce décorative doublée.

1ᵐ10 sur 0ᵐ82.

183 — Panneau de *velours persan*, dessin soie en relief sur fond fil métal doré. Pièce doublée.

184 — Triangle de *broderie* soie verte brodée fil soie polychrome et fil métal doré ou argenté. Pièce doublée.

185 — *Portière* en velours Cachan, fond rouge à trois médaillons polychromes. Belle et large bordure, fond vert, dessin polychrome Intéressante pièce.

3^m90 sur 1^m16.

186 — *Portière* en velours Cachan, fond rouge à trois médaillons polychromes. Belle et large bordure, fond vert, dessin polychrome. Intéressante pièce.

3^m85 sur 1^m08.

187 — Panneau en velours *Cachan*, fond rouge, dessin polychrome palmettes.

1^m sur 0^m75.

188 — *Panneau* en *toile imprimée* fond blanc, dessin polychrome cavaliers et dessins.

189 — Superbe COUVRE-LIT satin soie grenat, richement brodé fil or et véritables perles fines, beau dessin, grand médaillon, quatre angles et large bordure formés de feuillage et fleurs. Ce couvre-lit, a été exécuté dans les ateliers impériaux a Constantinople par ordre du sultan Aziz à l'occasion de la visite de l'*Impératrice Eugénie*.

2^m35 sur 1^m80.

190 — Beau *panneau, toile imprimée*, dessin polychrome, grande palmette, oiseaux et fleurs. Pièce doublée.

191 — Beau *panneau, toile imprimée*, dessin polychrome, grande palmette, oiseaux et fleurs. Pièce doublée.

192 — Beau *panneau, toile imprimée*, dessin polychrome, grande palmette, oiseaux et fleurs. Pièce doublée.

193 — Beau *panneau, toile imprimée*, dessin polychrome, grande palmette, oiseaux et fleurs. Pièce doublée.

194 — Beau *panneau, toile imprimée*, dessin polychrome, grande palmette, oiseaux et fleurs. Pièce doublée.

195 — *Panneau* polychrome, toile imprimée, dessin varié.

196 — *Panneau de broderie de Rescht* dit Gouldouzi, drap brodé soie.

197 — *Panneau de broderie de Rescht* dit Gouldouzi, drap brodé soie.

198 — Superbe *Caparaçon*, velours violet richement brodé fil soie doré ou argenté, dessin compartiment.

199 — Magnifique *tapis de prière Princesse*, richement brodé fil soie or et argent, dessin les accessoires de prière chez les Musulmans, pot à fleurs et arbres. Pièce intéressante.

OBJETS VARIÉS

200 — *Urne*, jade japonais. Beau travail sculpté.

201 — *Navire*, ivoire chinois. Très fin et beau travail sculpté.

202 — *Ferme*, ivoire chinois. Très fin et beau travail sculpté.

203 — *Bol*, bronze persan, beau décor ciselé, sujets personnages et inscriptions persanes.

204 — *Jardinière*, bronze chinois. Beau travail ciselé.

205 — *Épée* de Tunisie, lame damasquinée.

206 à 219 — Objets divers.

220 — Objets omis.